気になる記号とマークの図鑑

交通と公共施設でよく見る記号とマーク

クイズ？

これらのマークは、どんなところで見つけられるかな？

次のページで見つけてみよう ➡

はじめに

わたしたちの身の回りには、たくさんの記号やマークがあります。場所をしめすため、注意をうながすため、コミュニケーションをとるためなど、役割はさまざまです。その役割を十分に伝えるために、色や形、デザインなどにいろいろなくふうがされています。この本では、そんな記号やマークの役割やくふうについて注目しています。

もくじ

はじめに
この本の使い方 …………………… 3

道路に関する記号・マーク …… 4
案内を表す標識 ………………… 6
規制を表す標識 ………………… 7
きけんを知らせる標識 ………… 10

交通機関の記号・マーク …… 12
電車に乗るときに見るマーク …… 14
飛行機に乗るときに見るマーク … 16
バスに乗るときに見るマーク …… 18

公共だんたいの記号・マーク …… 20
都道府県章 …………………… 22
〔北海道・東北・関東・中部地方〕
都道府県章 …………………… 24
〔近畿・中国・四国・九州地方〕
官公庁を表す記号・マーク …… 26
協会・公共機関などを表す …… 28
記号・マーク

レッツトライ！　記号・マークを使って、…… 29
地図をつくろう

さくいん ………………………………… 30

この本の使い方

どこで、どんな記号やマークが使われているかを、イラストでしょうかいしています。

記号・マークの役割・くふう
記号やマークが何を伝えようとしているのかを説明し、大切な部分に黄色の帯を引いています。色や形、デザインについても注目しています。

もっと知りたい！
関連する情報や豆知識などについて、取りあげています。

マンガ
記号やマークをモチーフにしたマンガです。

このほか、クイズもあります。友だちや家族と楽しんでください。

＊記号やマークは、JIS（日本工業規格）やISO（国際標準化機構）の規格があるもの、法律で定められたもの、業界のだんたいや会社がつくったものなどがあります。
＊記号やマークの色は、印刷の具合でじっさいとは少しちがう色になっている場合があります。
＊この本の内ようは、2018年1月の情報にもとづいています。

3

道路に関する記号・マーク

わたしたちが道路を安全でスムーズに使うことができるように、「道路標識」とよばれるさまざまな記号やマークがあります。道路を歩いている人でも、車を運転している人でもひと目でわかるように、形や色がくふうされています。

案内を表す標識

案内標識は目的地への行き方や、どこに何があるかをしめします。だれもがわかるように、全国で文字や形をそろえる動きが進んでいます。

案内標識

場所や道路の名前、方面や道路番号などをしめすマーク。白地のマークは都道府県や市町村、駅などの交通施設、観光地などの場所や施設の名前をしめします。青はいっぱん道、緑は高速道路の標識です。

国道番号

少し丸みのあるぎゃく三角形は、国が管理する道路「国道」であることをしめします。国道の番号が大きく入っています。「ROUTE」は、道を意味する英語です。

入口の方向

首都高速の入口の方向をしめします。「EXPWY」は、高速道路を意味する「EXPRESSWAY」という英語を、わかりやすいようにしょうりゃくしたものです。地名の方向に向かうことも表しています。

サービス・エリア

高速道路のサービス・エリアをしめします。方向や名前だけでなく、どのような設備があるかがひと目でわかります。この場合は駐車場、ガソリンスタンド、レストラン、案内があります。

方面及び方向の予告

向かう地名の方向や交差、接続する道路を、前もって知らせる標識です。「300m」とは、左右の地名の方向に進むために曲がる地点までのきょりです。運転する人に前もって知らせ、スムーズな運転をうながします。

料金徴収所

高速道路の料金所までのきょりをしめしています。料金所をつうかするときはスピードを落とす必要があるので、かなり手前から、何度かにわたってもうけられています。

非常電話

高速道路で非常電話のある場所をしめしています。事故やこしょうなど、もしものときにすぐに見つけられるように、受話器がわかりやすく表されています。

地点標識

都道府県や市町村、駅などの交通施設、観光地などの場所や施設の名前をしめす標識。白い地色に文字が読みやすくかかれています。

規制を表す標識

自動車やバイク、自転車を運転するときに、「しなければならないこと」「してはいけないこと」を伝える標識をしょうかいします。

青い規制標識

「〜してください」という指示をする標識。歩行者専用の道路であることを知らせたり、車の進む方向をしめしたりします。青は見やすい色なので、車の運転者に大切なことを知らせるのにてきしています。

❋ 歩行者専用（左）／自転車及び歩行者専用（右）

左は、この道路が歩行者以外は通れないことをしめす標識。人のすがただけがかかれているので、車や自転車が通行できないことがわかります。右は、この道路が歩行者のほか、自転車も通行できることをしめす標識です。

❋ 進行方向別通行区分

運転する人に、矢印の方向だけにしか進めない車線であることをしめす標識。ほかの方向に行きたいときに、どの車線を走ればよいかを知る目安にもなります。

❋ 警笛鳴らせ

運転する人に、警笛（クラクション）を鳴らすようにうながす標識。クラクションをイメージしやすいように、ボタンと音がひびくようすがえがかれています。見通しの悪い道にもうけられています。

❋ 一方通行

車を運転する人に、この道は矢印の方向にしか進めないということをしめす標識。太い矢印だけがかかれていて、進むべき方向がはっきりと伝わります。

❋ 専用通行帯

路線バスなど、特定の車だけが通れる車線であることをしめす標識。バスの絵と「専用」の文字が「バスのみ」であることを伝え、左右のたての線は車線を表しています。

もっと知りたい！

五角形の標識

五角形の指示標識は運転する人に、歩行者や自転車が横断するための場所があることを知らせます。白線で区切られた場所は、横断歩道や横断帯をしめします。歩行者や自転車がいたら先に通しなさい、と伝えています。子どもが多い通学路によく見かけます。

❋ 自転車横断帯　　❋ 横断歩道・自転車横断帯　　❋ 横断歩道

赤い規制標識

命を守るために見おとしてはならない、重要な標識です。自動車や自転車は入ってはいけない、Uターンしてはいけないなどの「禁止」をしめしています。赤い丸にななめの線で、目立つようにはっきりと伝えています。

◆ 車両通行止め

自転車をふくむすべての車両が通れないことをしめす標識。赤い丸にななめの線で禁止をしめしています。

◆ 通行止め

車も歩行者も通れないことをしめす標識。2本線を交えて「×」に見せ、通行できないことを強調しています。

◆ 車両進入禁止

車両が入ることを禁止する標識。赤い丸に白く太い横線を入れ、目立たせています。

◆ 車両横断禁止

◆ 転回禁止

◆ 追越しのための右側部分はみ出し通行禁止

◆ 原動機付自転車の右折方法（小回り）

車両の動きを禁止する標識。矢印は車両の動きをしめしています。左上は横切ること、右上は転回（Uターン）すること、左下は追いこすときに右側にはみ出す動きが矢印で表されています。

◆ 自転車通行止め
◆ 危険物積載車両通行止め
◆ 二輪の自動車以外の自動車通行止め

◆ 大型貨物自動車等通行止め
◆ 二輪の自動車・原動機付自転車通行止め
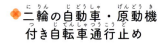

ある車両だけが通行できないことをしめす標識。赤い丸とななめの線の上に、それぞれの車両がわかりやすくかかれています。

もっと知りたい！

車に関する記号・マーク

車の外側につけるステッカーには、運転を始めたばかりの人をしめす初心運転者標識、70歳以上の高齢者などをしめす高齢運転者標識があります。また、運転席の前の速度メーターなどがあるパネルには、シートベルト警告灯や半ドア警告灯のマークがあり、異常を知らせます。

初心運転者標識
（初心者マーク）

高齢運転者標識
（高齢運転者マーク）

シートベルト警告灯

半ドア警告灯

最高速度　最低速度　重量制限

車の速度や重さを制限する標識。数字が大きくかかれています。最高速度標識は、時速50kmをこえてはいけないことをよびかけています。最低速度標識では数字の下に線を引き、「以上」を伝えています。

高さ制限　最大幅

車の大きさを制限する標識。赤い丸の中の青い印の位置で、車の高さや幅を表しています。それぞれ、数字をこえる大きさの車は通れないことをしめします。

歩行者通行止め　歩行者横断禁止

歩行者に対して禁止を伝える標識。左は、通行してはいけないことをしめしています。右は、2本の線で車道を表し、横切ってはいけないことを伝えています。

一時停止

いったん止まるように指示する標識。運転する人は、左右の安全をたしかめてから進む必要があります。歩行者にも注意をよびかけています。

徐行

すぐに車を止められるようなスピードで運転することをよびかける標識です。

> **もっと知りたい！**
>
> **補助標識**
> 案内標識と組みあわせて使う標識を補助標識といいます。日にちや時間、車両の種類、区間、方向、速度など、案内標識をはじめ、本標識をくわしく説明するときに使います。補助標識は、それだけで使われることはありません。
>
> **日・時間**
> **車両の種類**
>
>
>

半ドア警告灯

きけんを知らせる標識

道路上のきけんな場所や注意が必要な場所を、あらかじめ知らせる標識です。交通事故が起こらないようにするためにつけられます。

警戒標識

車を運転する人に、前もって「注意して」と知らせる標識。注意を強く伝えるために、黄色と黒を使います。黄色と黒の組みあわせは、どんな景色の中でも目立ちます。角を下にした四角形は不安定で、「あぶない」という印象をあたえます。

- すべりやすい
- 落石のおそれあり
- 道路工事中
- 学校、幼稚園、保育所等あり
- 横風注意

- 動物が飛び出すおそれあり
- 踏切あり

これらはすべて、この先、どんなきけんがあるか、何に注意したらよいかを絵でしめす標識です。運転する人がひと目でわかるように、はっきりとかかれています。

- 上り急勾配あり

この先、急な上り坂があることをしめす標識。「勾配」とはかたむきのことで、矢印や三角形で表しています。10％とは、10m進むと高さが1m上がることをしめし、坂道の角度によって数字はかわります。急なくだり坂をしめす標識もあります。

- 路面凹凸あり

この先、道がでこぼこしていることをしめす標識。凹凸とはでこぼこのことです。

もっと知りたい！

交差点の形を表す標識

道路が1点で重なる交差点では、注意して運転しなければなりません。この先の交差点がどんな形をしているかをしめして交通事故をふせぎます。

十形道路交差点あり ／ ト形（又は┤形）道路交差点あり ／ Y形道路交差点あり

合流交通あり

この先、左から合流してくる道があることをしめす標識。高速道路でよく見られます。合流地点は事故が起こりやすいので、運転する人に前もって注意をうながします。

右（又は左）つづら折あり

この先、道が曲がりくねっていることをしめす標識。「つづら折」は、いくつも折れまがっているようすを意味します。

二方向交通

この先、同じ道で車が反対方向から来ることをしめす標識。正反対の方向を指す2本の矢印をならべることで伝えています。

車線数減少

この先、車線の数がへることをしめす標識。車の進む位置をしめす点線に対して、車線がへって道はばがせまくなることを表しています。

信号機あり

この先、信号機があることをしめす標識。信号機がカーブでかくれて見えづらいときなどに、この標識をもうけています。

もっと知りたい！

動物警戒標識

「動物が飛び出すおそれがある」と注意をよびかける標識。山の中や海の近くなどの道路で見かけます。安全運転のためだけでなく、野生動物を守るためにも役立っています。

クイズ

これは何ができる場所のマークでしょう？

① 自動車のガソリンが入れられる

② 自動車の中で映画が見られる

③ 電気自動車の充電ができる

答え：③電気自動車の充電器の設置場所「CHARGING POINT」をしめすマークです。

交通機関の記号・マーク

電車や駅、バス、飛行機や空港でも、たくさんのマークが使われています。乗り物の安全性をしめすもの、施設の案内や、設備の使い方を伝えるものなど、種類はさまざまです。

電車に乗るときに見るマーク

たくさんの人が利用する駅には、まよったり乗りまちがえたりしないように案内するマークがいろいろあります。利用者の安全を守るためのマークも使われています。

駅構内のマーク

構内にはお客さんがこまらないように、のりばをしめすマークのほか、きっぷうりばや係員がいる場所を伝えるマークなどがあります。

みどりの窓口

JRの乗車券などが買える窓口のマーク。鉄道のほか、一部のバスの乗車券なども買えます。

新幹線

新幹線や、そののりばをしめすマーク。正面から見た新幹線を絵で表したものが多く見られます。東北・山形・秋田・上越・北陸新幹線は緑、東海道・山陽新幹線は青でしめします。

駅事務室／駅係員

駅の事務室や、駅係員がいる場所のマーク。ホームでは、係員が立っている場所などをしめします。

きっぷうりば／精算所

きっぷうりばや精算所をしめすマーク。自動けんばい機と、きっぷまたはカードを手に持った人の絵です。ICカードへのお金のチャージもできます。

駅周辺のマーク

駅の周辺には、バスのりばやホテルなどをしめすマークがあって、初めての場所でもまよわないように案内しています。

バス／バスのりば

バスやバスのりばをしめすマーク。横から見たバスの形を表しています。

ホテル／宿泊施設

宿泊できる施設をしめすマーク。ベッドで休んでいる人を表しています。

もっと知りたい！

構内図でマークをさがしてみよう

大きな駅には、お客さんがまよわないように、どこに何があるかをしめした案内図があります。のりばや窓口など、いろいろなマークを使っているので、さがしてみましょう。

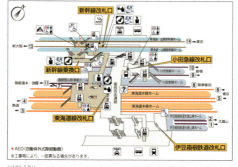

JR東海ウェブサイトより

ホームや車内にあるマーク

駅のホームや車内には、海外の人にもわかりやすい表示や、いろいろな人が安全に使うためにつくられたマークがあります。

駅かんばん

JR山手線の駅名を表すマーク。海外の人向けにローマ字やハングルでもしめしています。

「山」は山手線内の駅、「区」は東京23区内の駅をしめします。

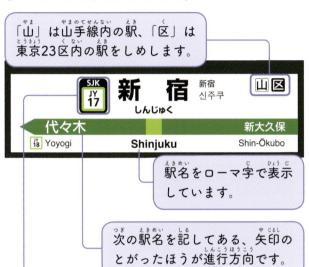

駅名をローマ字で表示しています。

次の駅名を記してある、矢印のとがったほうが進行方向です。

駅ナンバリング

① 駅名「新宿」のローマ字をりゃくしたものです。
② 路線記号で、「JR山手線」のりゃくです。
③ 駅番号です。

駅係員よびだし

駅係員のよびだしに使うインターホンをしめすマーク。急用で連らくしたいときに使います。曲線は話し声を表しています。

女性専用車

女性や子ども、体の不自由な人などが専用で乗車する車両をしめすマーク。時間を区切っている場合があります。

非常ボタン　消火器

火事や事故が起きたときのための非常ボタンや消火器がどこにあるかをしめすマーク。新幹線の中には、トイレや電話などを表示するマークもあります。

もっと知りたい！

優先席のマーク

お年よりや体の不自由な人（けが人もふくまれます）などが優先的にすわれる席をしめすマーク。にんしんしている人、赤ちゃん連れの人も対象です。

優先席

マタニティマーク

にんしんしている人へのやさしい環境づくりをよびかけるマークです。

飛行機に乗るときに見るマーク

海外の人も多く利用する空港や飛行機には、文字が読めなくても便利に使えるようにくふうしたマークがたくさんあります。

ターミナル内のマーク

ターミナルはとても広いので、まちがえずに目的の場所に行けるようにするために、ひと目でわかるマークがたくさん使われています。

出発

出発のためののりばをしめすマーク。かっそうろから飛行機が空に飛びたつようすを表しています。

到着

到着口をしめすマーク。飛行機が、着陸のための車輪を出して、かっそうろにおりるようすを表しています。

乗り継ぎ

飛行機を乗り継ぐための通路やカウンターをしめすマーク。飛行機の間を行き来するようすで、乗り継ぎを表しています。

手荷物受取所

預けた手荷物を受け取る場所をしめすマーク。ベルトコンベアで運ばれてきた荷物を手に取るようすを表しています。

税関／荷物検査

税関と荷物検査をする場所をしめすマーク。係員が荷物を検査するようすを表しています。

荷物はかり

荷物の重量をはかる場所をしめすマーク。機内に持ちこむ手荷物が制限をこえていないかどうかを調べます。

出国手続／入国手続／検疫／書類審査

出入国の手続などをする場所をしめすマーク。係員がパスポートをチェックするようすを表しています。

薬局

薬局やドラッグストアをしめすマーク。えいせいや安全を表す十字マークのびんと薬のカプセルで、消毒用の薬や飲み薬などが買えることがわかります。

もっと知りたい！

免税店シンボルマーク

海外からの旅行者のために、消費税をめんじょした商品を売る店をしめすマーク。おもに国際空港と沖縄などの一部にあります。サクラの花で日本をアピールしています。「Tax-free」は「免税の」という意味です。

理容／美容

理容室や美容室をしめすマーク。かみを切ったり整えたりする道具である、はさみとくしをマークにしています。

礼拝所

礼拝ができる場所をしめすマーク。決まった時間に礼拝が必要なしゅうきょうをもつ人のためにあります。ひざまずいて、いのりをささげるようすで表しています。

無料電動カート

無料の電動カートののりばをしめすマーク。荷物をのせるスペースもあり、係員の運転でターミナル内をいどうできます。

手荷物一時預かり所

飛行機に乗る前に、一時、手荷物を預かってくれる場所をしめすマーク。いろいろな形の荷物が預けられることを表しています。

カート

荷物を運ぶカートのある場所をしめすマーク。重い荷物を運ぶときに、自由に使うことができます。

銀行・両替

銀行や、両替ができる場所をしめすマーク。「￥」は日本の円、「＄（ドル）」「€（ユーロ）」は海外のお金を表しています。

機内のマーク

飛行機の中には、安全できもちよく利用するためのマークがあります。席の近くにあるマークの意味を知っておくと便利です。

シートベルト着用

シートベルトの着用を知らせるマーク。「ポーン」という音とともに、明るく光ったら着用の合図です。機内ではいつもシートベルトを着用するのが基本ですが、光が消えているときは、シートベルトを外してお手洗などに行くことができます。

安全のためのマーク

機内での注意などが記されているパンフレットにある、電波を発する電子機器の使用を禁止するマーク。禁止を意味する赤い丸とななめの線の絵の中に、電波を発するスマートフォンやパソコン、ゲームなどがかかれています。

空港のマーク

17

バスに乗るときに見るマーク

ふだん乗っているバスにも、いろいろなマークがついています。車体の外や中のいろいろなところをよく見まわしてみましょう。

利用者や環境にやさしいことを表すマーク

だれもが安全でかいてきに利用できて、環境をよごさないくふうがされたバスがふえています。

NBA認証マーク

日本バス協会の会員であるバス会社をしめすマーク。安全性とかいてきさ、環境へのやさしさなどの目安になります。協会の英語名の頭文字があり、ひと目でわかります。

「SAFETY BUS」マーク

安全への取りくみが適切な貸し切りバス会社をしめすマーク。ハートマークは安心・安全のシンボル。星の数（1つ～3つ）は、にんてい基準を表します。

グリーン経営認証ロゴマーク

環境を守る基準を満たし、地球にやさしい取りくみをしているバス会社などをしめすマーク。緑の葉に囲まれ、地球を乗せて走る車の絵は、環境を守り、安全に運ぶことを表します。

バスの役割を表すマーク

地域の道路を自由に走れるバスは、おおぜいの人や、いろいろな機器をのせられるため、さまざまな役割をはたしています。

スクールバス

幼児や児童などの通学のために使うバスをしめすマーク。幼稚園の送りむかえのバスには「幼児バス」と記されます。周りの車に注意をうながすために、形は三角で、色は黄色と黒を使っています。

けんけつちゃん

けんけつをよびかけるキャラクター「けんけつちゃん」のマーク。耳は愛のしずく（＝血えき）でできていて、愛（＝けんけつの量）が足りないと耳が小さくなってしまいますが、みんなが協力してくれると元気になるというキャラクターです。

もっと知りたい！

けんけつバス

けんけつは、病気の治療、手術などで血えきを必要としている人のために、自分から進んで血えきをていきょうするボランティアです。日本赤十字社では、16～69歳*までの健康な人にけんけつへの協力をよびかけています。けんけつバスは、けんけつを受けつける設備をそなえたバスで、「けんけつちゃん」がえがかれているものが多くあります。

*65歳以上のけんけつについては、その人の健康を考え、60～64歳の間にけんけつ経験のある人にかぎります。

バリアフリーのマーク

お年よりや体が不自由な人にとってさまたげ（バリア）になるものを取りのぞき（フリー）、安全に利用できるためのくふうをバリアフリーといいます。

ノンステップバス

出入口の段差をなくした「人にやさしいバス」をしめすマーク。お年よりや体が不自由な人でも乗りおりしやすいように、地面からゆかまでの高さを27cm以下にしてあります。マークの「1」と「5」は、2015年のにんていに合格したことを表します。

障害のある人が使える設備

車椅子を固定できるバスをしめすマーク。車内に車椅子のまま乗っていられるスペースがあり、中央のドアにはスロープ板が用意され、スムーズに乗りおりができます。

コミュニティバスのマーク

地域の人が便利に使えるように、地方自治体がつくったのがコミュニティバスです。交通が不便な場所などで役に立っています。

静岡県富士市「なのはな」バス

富士市内の一部の地域で運行しているコミュニティバスのマーク。「ナノ」という女の子の頭には、富士山がえがかれています。

大阪府吹田市「すいすい」バス

吹田市内の一部の地域で運行しているコミュニティバスのマーク。吹田の「すい」にかけて、せまい道でも「すいすい」走るバスをイメージしています。

東京都羽村市「はむらん」

羽村市内の一部の路線で運行している、電気で走るコミュニティバスのマーク。電気で走ることを伝えるコンセントと、環境にやさしいことを伝えるハートで笑顔を表げんしています。

もっと知りたい！

ICカードのマーク

電子部品（ICチップ）をうめこんだ、情報を記録できるカードをしめします。鉄道会社のものは種類がたくさんあり、電車やバスの乗車券としてだけでなく、コンビニなどでも使えます。それぞれのカードには、会社の決めたマスコットなどがかかれています。バスの車体には、使えるカードのマークがついています。

PASMO

東京都を中心とする地域のいくつかの鉄道会社・バス会社がつくりました。

ICOCA

JR西日本がつくったカードです。

manaca

名古屋を中心とする地域のいくつかの鉄道会社・バス会社がつくりました。

nimoca

西日本鉄道がつくったカードです。

Kitaca

JR北海道がつくったカードです。

TOICA

JR東海がつくったカードです。

公共だんたいの記号・マーク

都道府県、官公庁、公共機関などの多くには、シンボルマークが使われています。そこに住んでいる人、ぞくしている人のきもちや考え方、そこをおとずれる人や利用する人へ伝えたいことなどを表しています。

都道府県章
［北海道・東北・関東・中部地方］

都道府県章の多くは、地域にゆかりの深い植物や山、川、地形などがデザインされています。都道府県や郷土のシンボルとして、役所の建物や広報誌などに用いられています。

秋田県

頭文字の「ア」をモチーフに図案化。県の発てんするすがたを表げんしています。

山形県

県の山やまと、県に深く関わる最上川の流れを3つの三角形で表しています。

新潟県

「新」の字を中心に「ガタ」を円形に図案化。打ちとけあうこと、希望を表しています。

長野県

頭文字の「ナ」を円形に図案化。勇ましく飛ぶ鳥と山のすがたで、発てんを表しています。

石川県

「石川」の文字を県の地形になぞらえて図案化。青の地色はめぐまれた自然を表しています。
＊県章がないため、県旗をしょうかいしています。

富山県

頭文字の「と」を中央に、県のシンボル・立山をデザイン。大空へ進むイメージです。

岐阜県

「岐」の字をもとにして図案化。周りの円は、平和と円満を表げんしています。

福井県

「フクイ」の3文字を組みあわせて、円形に図案化。のびゆく福井県を表しています。

山梨県

県にゆかりの深い武田家の紋と富士山がモチーフ。中に山やまをかたどり、和と協力を表しています。

愛知県

「あいち」の文字を図案化。希望に満ちた朝日と波頭を表しています。

静岡県

富士山をモチーフに、県の地形を図案化。力強い前進とだんけつをデザインしています。

ほっかいどう
北海道

開たく使時代の五稜星の旗のイメージを、七光星にして図案化。先人の思いと未来を表しています。

あおもりけん
青森県

県の地形を図案化。深緑色は、どこまでも発てんする希望と未来を表しています。

いわてけん
岩手県

「岩」の字をモチーフにして図案化。住みよい町になるよう、願いをこめています。

みやぎけん
宮城県

県花として県民になじみ深いミヤギノハギを図案化。宮城県の「み」の字を表しています。

ふくしまけん
福島県

頭文字の「ふ」を図案化。県民が打ちとけあい、だんけつすることを表しています。

ぐんまけん
群馬県

中央には「群」の古い文字を置き、周囲には「上毛三山」を配してかたどっています。

とちぎけん
栃木県

「栃」の字を図案化。3本の矢印は「木」の古代文字を引用。向上性と、やく動感を表しています。

いばらきけん
茨城県

県花のバラの開きはじめを象ちょうし、未来指向の新しいイメージをデザインしています。

さいたまけん
埼玉県

県にゆかりの深い「まが玉」を円形に配置したデザイン。太陽、発てん、力強さなどを表しています。

ちばけん
千葉県

千葉県の名前のカタカナ、「チ」と「ハ」の字を図案化してマークとしています。

とうきょうと
東京都

太陽を真ん中に、まんべんなく光が進むようすを表げん。日本の中心であることをしめしています。

かながわけん
神奈川県

神奈川県の「神」の字を図案化。県民のおうぼ作品の中から選びました。

都道府県章
［近畿・中国・四国・九州地方］

山口県

「山口」の文字を組みあわせて図案化。県民のだんけつと飛やくを、羽ばたく鳥で表しています。

島根県

「マ」の字を4つ組みあわせて「シマ」と読み、県民のだんけつを表しています。

大分県

「大」の字を円形にしてデザイン化。県民の仲がよいことと、県の発てんを表しています。

福岡県
福岡県の「ふ」と「く」の字で県花のウメをかたどり、発てんと県民が打ちとけあうことを表しています。

広島県

頭文字の「ヒ」を図案化し、円形で和とだんけつを表げん。円形の重なりは発てんのシンボルです。

佐賀県

円形は協和を意味し、3つの力で「三カえる」すがたを「佐賀」にかけて表しています。

長崎県

頭文字の「N」と、平和の象ちょうであるハトを図案化。未来へ進む県のすがたを表しています。

熊本県

頭文字の「ク」を図案化。九州の地形をかたどり、中央の円形は県の位置の象ちょうです。

鹿児島県

県の地形を図案化し、中央の円は火の島「桜島」を表しています。しょう来にのびゆく県を象ちょうしています。

宮崎県

古来のよび名「日向」の「日」から「向（かう）」が三方にのびて、やく進する県のすがたを表しています。

愛媛県

瀬戸内海のめぐみを図案化。青は海、緑は自然、赤は未来を表しています。

高知県

昔の国名「とさ」の字をデザインし、白い部分は頭文字「コ」の形に。円は平和と協力を表します。

岡山県

「岡」の文字を円形にデザイン化。県民のだんけつを中心に、県の飛やくを表しています。

鳥取県

頭文字の「と」を飛ぶ鳥のすがたに形づくり、自由と平和、進てんを表しています。

兵庫県

1921（大正10）年にせいてい。兵庫県の「兵」の字をデザインしています。

滋賀県

琵琶湖を表す円を中央に、「シガ」の字を図案化。和と飛やくを象ちょうしています。

京都府

六葉形のもようの中央に「京」の字を図案化。府民の結びつきを表しています。

三重県

頭文字の「み」と、県の特産物の真じゅをデザイン。右上がりで、飛やくを表しています。

大阪府

頭文字の「O」をもとに、豊臣秀吉にちなむ「千成びょうたん」を図案化しています。

奈良県

頭文字の「ナ」を、図案化。外円は自然を、内円は調和を、横のじくは進歩を表しています。

和歌山県

頭文字の「ワ」を、おおらかな県民性と和のイメージでデザインしています。

香川県

頭文字の「カ」を図案化し、県木のオリーブの葉と、県の山のすがたを表げんしています。

徳島県

「とく」の字を飛ぶ鳥のように図案化。だんけつ、発てん、いきおいなどを表しています。

沖縄県

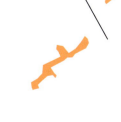
外円は海洋を、白い部分は頭文字の「O」をかたどって平和を、内円は発てんを表します。

官公庁を表す記号・マーク

国の機関である省庁は、その役割について親しみを感じてもらえるように、色や形に理想や願いをこめたシンボルマークをつくっています。

内閣府

内閣総理大臣が直せつ取りくむせいさくをあつかう内閣府を表すシンボルマーク。2枚の木の葉で2つの大きな機能を表し、「未来」や「安全」などをしめします。うしろから差す太陽の光で、希望に満ちた社会をつくることを表しています。

外務省

外国との交しょうを取りしきる外務省を表すシンボルマーク。漢字の「外」という字を円形にくずしたデザイン。戦争へと向かう1937年に、外務省がきみつほじのために職員につけるバッジをつくったのが始まりです。

厚生労働省

赤ちゃんからお年よりまで、安心して生活するために、くらしのサポートをしている厚生労働省を表すシンボルマーク。国民のよろこぶすがたをモチーフに、手を取りあい、1つになって幸福をめざすことを表しています。

経済産業省

産業やぼうえきが発展していけるしくみを整える経済産業省を表すシンボルマーク。「産業」と「ぼうえき」を表す2つのもようが、ダイナミックに回転しながら、バランスを保ちつつ発てんしていくようすをしめしています。

総務省

選挙や消防防災、情報通信など、国家の基本的なしくみをささえる総務省を表すシンボルマーク。オレンジの飛びだす球体は、行動力があって、時代をリードしながら、くらしがかいてきになるように活やくする総務省を表しています。

文部科学省

教育や科学技術の発てんに取りくむ文部科学省を表すシンボルマーク。らしんばんをモチーフに、上部の円は進むべき方向を、下部の円の中央から放しゃじょうに広がる直線は、社会に開かれたしせいを表しています。

国土交通省

人びとが便利で安全にくらせる国土づくりに取りくむ国土交通省を表すシンボルマーク。「心」という文字で、国土の上で人びとがはずんでいるやく動感をデザインしています。心を1つにして、未来に向かって国土交通省がやく動するすがたを表しています。

環境省

環境ほぜんなどをすい進する環境省を表すシンボルマーク。上の緑の三角形は自然界などを、水色のだ円はすんだ水などを、下の緑の三角形は水面にうつる自然のすがたを、全体で環境の大切さと、それを守るしせいを表しています。

復興庁

東日本大震災からの復興をめざす復興庁（2020年まで）を表すシンボルマーク。海からのぼる日の出をモチーフにしたデザインで、ひさい地の「ゆたかな自然」と、ひさい地のすみやかな「復興」に取りくむ国の決意を表しています。

観光庁

観光客がふえるみりょく的な国や町づくりに取りくむ観光庁を表すシンボルマーク。日の丸をモチーフに、観光に関わる人びとが一丸となって取りくむ決意をしめします。赤と白のリングは変化をしめし、新しい取りくみをめざすせいを表しています。

文化庁

国宝などの文化財を守り、新しい芸術活動をおうえんしている文化庁を表すシンボルマーク。「文」の文字をモチーフに、3つのだ円で「かこ・げんざい・未来」「創造・発てん」「ほぞん・けいしょう」を表す輪と広がりをイメージしています。

金融庁

金融のルールづくりや、銀行などのけんさ・かんとくなどに取りくんでいる金融庁を表すシンボルマーク。英語名「Financial Services Agency」の頭文字「FSA」を図案化しています。真ん中の「S」の字は、スムーズなお金の流れを表し、それを両側から守るイメージです。

防衛省

日本の平和とどくりつを守り、国の安全をたもつ防衛省を表すシンボルマーク。青い球体は「地球」、緑の部分は26万人の「隊員」から成る防衛省を表げん。日本の防衛と国際社会の平和のために行動する防衛省と、これに取りくむ隊員のきもちを表しています。

気象庁

防さいのために台風や津波などの予測をする気象庁を表すシンボルマーク。中心は大気けんに包まれる地球を表し、その周りをめぐる大気の流れもえがいています。全体として芽ぶきや海の波など、自然界のさまざまなできごとをイメージしています。

スポーツ庁

スポーツを通して健康でゆたかなくらしをめざすスポーツ庁を表すシンボルマーク。カタカナの「ス」や漢字の「人」をもとにしたデザインで、右上にのびる太い2本の線と太陽のようなオレンジ色で「力強さ」を表しています。

国土地理院

国土を管理するために地図をつくっている国土地理院を表すシンボルマーク。英語名の頭文字「GSI」を図案化したものです。環境ほぜんのためにそくりょう・観そくをおこなっているというイメージを、地球を包みこむ手の形で表げんしています。

協会・公共機関などを表す記号・マーク

公的な役割のためにもうけられている機関も、その役割や理想を広く知ってもらうために、それぞれシンボルマークをもっています。

日本放送協会

日本放送協会（NHK）のロゴマーク。ささえあう3つの輪は「創造の輪」です。人のこせいがひびきあい新たなものが生まれ、人が認めあってともに生きるという意味がこめられています。また、コロンブスのたまごのような、発想をかえるという意味もあります。

日本自然保護協会

生物多様性や自然を守る日本自然保護協会のロゴマーク。緑のしまもようは、社会と自然を表します。また、しまもようの白は、木の間から差しこむ光をイメージし、未来への希望を表しています。

国立科学博物館

国立科学博物館のシンボルマーク。全体の形は、きょうりゅうやサメの歯、門の形をそうぞうさせます。また、1つひとつの形は花びらやほのおにも見えます。見る人のそうぞう力をしげきすることがデザインのテーマです。

国立文化財機構

文化財のしゅうしゅう・ほかん・てんじ・ちょうさ研究などをしている国立文化財機構のロゴマーク。文化を深くりかいし、世界中へみりょく的に伝える心を、「結びひも」と「DNA」のらせん形で表しています。

もっと知りたい！

国境なき医師団とは

ふんそう地やひさい地など医療がおこなわれていない場所で、人びとの治療や病気のよぼうをおこなっている民間だんたい。人が走っているすがたを表したロゴマークには、「どこにでもかけつける」という意味がこめられています。

レッツトライ！

記号・マークを使って、地図をつくろう

いろいろな記号やマークを組みあわせれば、オリジナルの地図をつくることができます。思い思いのテーマで、楽しい地図を完成させましょう。

町たんけんをしながら、テーマを決めよう

まずは、家の周りをたんけんしながら、地図づくりのテーマを決めましょう。学校や病院、交番などの建物がどこにあるのか、周りには公園や田んぼ、畑もあるのかといったことを観察してみましょう。車に関するマーク、きけんを知らせる標識、青や赤の色で表したマークなどに注目してもいいですね。テーマが決まったら、地図に入れる記号やマークを集めましょう。外だけでなく、家の中の案内図をつくることもできますね。

かいてみよう！

場所やテーマは？
- 家から学校までの地図。
- 赤い交通標識に注目してみる。

どんな記号やマークがあった？
- 一時停止
- 車両進入禁止
- 歩行者横断禁止

マークの地図のつくり方

1. 町たんけんをしながら、よく観察する。

2. 地図にかく場所やテーマを決める。

3. 全体の地図をかく。

4. マークを別の紙にかいて切りとり、地図にはる。

完成！

赤い標識は命を守るため

道で見かける赤いマークは、命を守るために見おとしてはならない、重要な標識です。目立つようにはっきりと伝えていることがわかります。

さくいん

あ

- ICカード ……………………… 19
- 青い規制標識 ………………… 7
- 赤い規制標識 ………………… 8
- 安全のためのマーク ………… 17
- 案内標識 ……………………… 6
- ICOCA ………………………… 19
- 一時停止 ……………………… 9
- 一方通行 ……………………… 7
- 入口の方向 …………………… 6
- 駅係員 ………………………… 14
- 駅係員よびだし ……………… 15
- 駅かんばん …………………… 15
- 駅事務室／駅係員 …………… 14
- 駅ナンバリング ……………… 15
- NBA認証マーク ……………… 18
- 追越しのための右側部分
  はみ出し通行禁止 …………… 8
- 横断歩道 ……………………… 7
- 横断歩道・自転車横断帯 …… 7
- 大型貨物自動車等通行止め … 8
- 大阪府吹田市「すいすい」バス
  ………………………………… 19

か

- カート ………………………… 17
- 外務省 ………………………… 26
- 学校、幼稚園、保育所等あり … 10
- 環境省 ………………………… 26
- 観光庁 ………………………… 27
- 危険物積載車両通行止め …… 8
- 気象庁 ………………………… 27
- Kitaca ………………………… 19
- きっぷうりば／精算所 ……… 14
- 銀行・両替 …………………… 17
- 金融庁 ………………………… 27
- グリーン経営認証ロゴマーク … 18
- 車椅子 ………………………… 19
- 警戒標識 ……………………… 10
- 経済産業省 …………………… 26
- 警笛鳴らせ …………………… 7
- 検疫 …………………………… 16
- けんけつちゃん ……………… 18
- けんけつバス ………………… 18
- 原動機付自転車の右折方法
  （小回り） …………………… 8
- 交差点 ………………………… 10

- 厚生労働省 …………………… 26
- 構内図 ………………………… 14
- 合流交通あり ………………… 11
- 高齢運転者標識
  （高齢運転者マーク）………… 8
- 国道番号 ……………………… 6
- 国土交通省 …………………… 26
- 国土地理院 …………………… 27
- 国立科学博物館 ……………… 28
- 国立文化財機構 ……………… 28
- 国境なき医師団 ……………… 28
- コミュニティバス …………… 19

さ

- サービス・エリア …………… 6
- 最高速度 ……………………… 9
- 最大幅 ………………………… 9
- 最低速度 ……………………… 9
- シートベルト警告灯 ………… 8
- シートベルト着用 …………… 17
- 静岡県富士市「なのはな」バス
  ………………………………… 19
- 自転車横断帯 ………………… 7
- 自転車及び歩行者専用 ……… 7
- 自転車通行止め ……………… 8
- 車線数減少 …………………… 11
- 車両横断禁止 ………………… 8
- 車両進入禁止 ………………… 8
- 車両通行止め ………………… 8
- 十形道路交差点あり ………… 10
- 重量制限 ……………………… 9
- 宿泊施設 ……………………… 14
- 出国手続／入国手続／
  検疫／書類審査 ……………… 16
- 出発 …………………………… 16
- 障害のある人が使える設備 … 19
- 消火器 ………………………… 15
- 徐行 …………………………… 9
- 初心運転者標識（初心者マーク）
  ………………………………… 8
- 女性専用車 …………………… 15
- 書類審査 ……………………… 16
- 新幹線 ………………………… 14
- 信号機あり …………………… 11
- 進行方向別通行区分 ………… 7
- スクールバス ………………… 18

*青い文字は、本文で説明している記号・マークです。黒い文字は記号・マークに関連する言葉です。

	すべりやすい	10
	スポーツ庁	27
	税関／荷物検査	16
	精算所	14
	「SAFETY BUS」マーク	18
	専用通行帯	7
	総務省	26
た	高さ制限	9
	地点標識	6
	CHARGING POINT	11
	通行止め	8
	手荷物一時預かり所	17
	手荷物受取所	16
	転回禁止	8
	TOICA	19
	東京都羽村市「はむらん」	19
	到着	16
	動物が飛び出すおそれあり	10
	動物警戒標識	11
	道路工事中	10
	┬形道路交差点あり	10
	都道府県章	22〜25
	ドラッグストア	16
な	内閣府	26
	二方向交通	11
	日本自然保護協会	28
	日本放送協会	28
	nimoca	19
	荷物検査	16
	荷物はかり	16
	入国手続	16
	二輪の自動車以外の自動車通行止め	8
	二輪の自動車・原動機付き自転車通行止め	8
	上り急勾配あり	10
	乗り継ぎ	16
	ノンステップバス	19
は	バス／バスのりば	14
	PASMO	19
	バリアフリー	19
	半ドア警告灯	8、9
	非常電話	6
	非常ボタン	15
	美容	17
	復興庁	27
	踏切あり	10
	文化庁	27
	防衛省	27
	方面及び方向の予告	6
	歩行者横断禁止	9
	歩行者専用	7
	歩行者通行止め	9
	補助標識	9
	ホテル／宿泊施設	14
ま	マタニティマーク	15
	manaca	19
	右（又は左）つづら折あり	11
	みどりの窓口	14
	無料電動カート	17
	免税店シンボルマーク	16
	文部科学省	26
や	薬局	16
	優先席	15
	横風注意	10
ら	落石のおそれあり	10
	両替	17
	料金徴収所	6
	理容／美容	17
	礼拝所	17
	路面凹凸あり	10
わ	Ｙ形道路交差点あり	10

STAFF

デザイン ● Yoshi-des.（大橋千恵）
イラスト ● ホリナルミ、朝倉千夏
編　　集 ● WILL（西野泉、清水理絵、中越咲子、豊島杏実、田中有香、姉川直保子、秋田葉子）
編集協力 ● 中村緑、長尾康子、こいずみきなこ、茂木直美、山口舞
Ｄ　Ｔ　Ｐ ● WILL（新井麻衣子）
校　　正 ● 村井みちよ

画像・資料提供

国土交通省東京国道事務所、警察庁、東京電力エナジーパートナー株式会社、株式会社キクテック、JR東日本、公益財団法人 交通エコロジー・モビリティ財団、東海旅客鉄道株式会社、東京地下鉄株式会社、厚生労働省子ども家庭局、成田国際空港株式会社、観光庁免税店シンボルマーク申請事務局、公益社団法人 日本バス協会、日本赤十字社、国土交通省自動車局、富士市都市計画課、吹田市総務交通室、羽村市都市計画課、西武鉄道株式会社、西日本旅客鉄道株式会社、株式会社エムアイシー、株式会社ニモカ、北海道旅客鉄道株式会社、北海道、青森県、岩手県、宮城県、秋田県、山形県、福島県、茨城県、栃木県、群馬県、埼玉県、千葉県、東京都、神奈川県、新潟県、富山県、石川県、福井県、山梨県、長野県、静岡県、三重県、滋賀県、京都府、大阪府、兵庫県、奈良県、和歌山県、鳥取県、岡山県、山口県、徳島県、香川県、愛媛県、高知県、福岡県、佐賀県、長崎県、熊本県、大分県、宮崎県、鹿児島県、沖縄県、内閣府、総務省、文部科学省、厚生労働省、国土交通省、経済産業省、環境省、復興庁、防衛庁、気象庁、観光庁、文化庁、スポーツ庁、金融庁、国土交通省国土地理院、日本放送協会、日本自然保護協会、独立行政法人 国立文化財機構、国立科学博物館、国境なき医師団

＊p.19「PASMO」は株式会社パスモの登録商標です。
　「manaca」は株式会社エムアイシー及び株式会社名古屋交通開発機構の登録商標です。

編・著／WILLこども知育研究所

幼児・児童向けの知育教材・書籍の企画・開発・編集を行う。2002年よりアフガニスタン難民の教育支援活動に参加、2011年3月11日の東日本大震災後は、被災保育所の支援活動を継続的に行っている。主な編著に『レインボーことば絵じてん』、「絵で見てわかる　はじめての古典」シリーズ、「せんそうって　なんだったの？第二期」シリーズ（いずれも、学研プラス）、『ただしいもちかたの絵本』、『1ねんせいの　せいかつ　えじてん』、「かんたん！　かわいい！　材料3つからのスイーツレシピ」シリーズ、「恐怖！　おばけやしきめいろブック」シリーズ、「やさしくわかるびょうきのえほん」シリーズ（いずれも、金の星社）など。

気になる記号とマークの図鑑
交通と公共施設でよく見る記号とマーク

初版発行／2018年3月
第4刷発行／2019年11月

編・著／WILLこども知育研究所
発行所／株式会社金の星社
　　　　〒111-0056　東京都台東区小島1-4-3
　　　　TEL 03-3861-1861（代表）
　　　　FAX 03-3861-1507
　　　　ホームページ http://www.kinnohoshi.co.jp
　　　　振替 00100-0-64678
印　刷／広研印刷株式会社　製　本／株式会社難波製本

乱丁・落丁本は、ご面倒ですが小社販売部宛にご送付ください。送料小社負担にてお取替えいたします。
ⓒ WILL, 2018
Published by KIN-NO-HOSHI SHA,Tokyo,Japan
NDC801　32ページ　26.6cm　ISBN978-4-323-04169-8

JCOPY 出版者著作権管理機構　委託出版物

本書の無断複写は著作権法上での例外を除き禁じられています。複写される場合は、そのつど事前に出版者著作権管理機構（電話：03-3513-6969、FAX：03-3513-6979、e-mail：info@jcopy.or.jp）の許諾を得てください。

※本書を代行業者等の第三者に依頼してスキャンやデジタル化することは、たとえ個人や家庭内での利用でも著作権法違反です。

気になる記号とマークの図鑑

シリーズ全5巻
小学校中学年～

A4変型判　32ページ
図書館用堅牢製本　NDC801（言語学）

家や学校ですごすとき、町に出かけたり、電車に乗ったりするとき、あそんだりスポーツを楽しんだりするとき、わたしたちはたくさんの記号やマークにふれています。このシリーズでは、身の回りの記号やマークをしょうかいしています。それぞれの役割やくふうについても取りあげていますので、調べ学習などにも役立ててください。

家でよく見る記号とマーク

食品や衣類、電気製品など、ふだん見なれているものにも、さまざまな記号やマークがついています。品質を表したり、安全を伝えたりする役割があります。

学校でよく見る記号とマーク

いつも使っている教室や、学校のいろいろなところでよく見る記号やマークを集めました。見なれたところにも、記号やマークがあることがわかります。

町でよく見る記号とマーク

ショッピングモールや公園など、町の中にはどんな記号やマークがあるでしょうか。2017年7月にかわった記号やマークもしょうかいしています。

交通と公共施設でよく見る記号とマーク

人も車も、事故なく安全に通行するためには道路標識は欠かせません。ほかに、わたしたちが住んでいる都道府県のロゴマーク（都道府県章）などにも注目しています。

スポーツやあそびでよく見る記号とマーク

記号やマークは、スポーツやあそびでもたくさん使われています。テレビのスポーツちゅうけい、カードゲームなどでおなじみの記号やマークにも、きっと発見があるはずです。